This book belongs to:

_____

Month:                    Week of:

| | |
|---|---|
| M | |
| T | |
| W | |
| T | |
| F | |
| S | |
| S | |

Month:            Week of:

| | |
|---|---|
| M | |
| T | |
| W | |
| T | |
| F | |
| S | |
| S | |

Month:　　　　　　　Week of:

| | |
|---|---|
| M | |
| T | |
| W | |
| T | |
| F | |
| S | |
| S | |

Month: Week of:

| | |
|---|---|
| M | |
| T | |
| W | |
| T | |
| F | |
| S | |
| S | |

Month:  Week of:

| | |
|---|---|
| M | |
| T | |
| W | |
| T | |
| F | |
| S | |
| S | |

Month:  Week of:

| | |
|---|---|
| M | |
| T | |
| W | |
| T | |
| F | |
| S | |
| S | |

Month: Week of:

| | |
|---|---|
| M | |
| T | |
| W | |
| T | |
| F | |
| S | |
| S | |

Month: Week of:

| | |
|---|---|
| M | |
| T | |
| W | |
| T | |
| F | |
| S | |
| S | |

Month:                    Week of:

| | |
|---|---|
| M | |
| T | |
| W | |
| T | |
| F | |
| S | |
| S | |

Month:  Week of:

| | |
|---|---|
| M | |
| T | |
| W | |
| T | |
| F | |
| S | |
| S | |

Month:             Week of:

| | |
|---|---|
| M | |
| T | |
| W | |
| T | |
| F | |
| S | |
| S | |

Month:　　　　　　Week of:

| | |
|---|---|
| M | |
| T | |
| W | |
| T | |
| F | |
| S | |
| S | |

Month:            Week of:

| | |
|---|---|
| M | |
| T | |
| W | |
| T | |
| F | |
| S | |
| S | |

Month:  Week of:

| | |
|---|---|
| M | |
| T | |
| W | |
| T | |
| F | |
| S | |
| S | |

Month: Week of:

| | |
|---|---|
| M | |
| T | |
| W | |
| T | |
| F | |
| S | |
| S | |

Month:  Week of:

| | |
|---|---|
| M | |
| T | |
| W | |
| T | |
| F | |
| S | |
| S | |

Month: Week of:

| | |
|---|---|
| M | |
| T | |
| W | |
| T | |
| F | |
| S | |
| S | |

Month:  Week of:

| | |
|---|---|
| M | |
| T | |
| W | |
| T | |
| F | |
| S | |
| S | |

Month:  Week of:

| | |
|---|---|
| M | |
| T | |
| W | |
| T | |
| F | |
| S | |
| S | |

Month: Week of:

| | |
|---|---|
| M | |
| T | |
| W | |
| T | |
| F | |
| S | |
| S | |

Month:                  Week of:

| | |
|---|---|
| M | |
| T | |
| W | |
| T | |
| F | |
| S | |
| S | |

Month:                    Week of:

| | |
|---|---|
| M | |
| T | |
| W | |
| T | |
| F | |
| S | |
| S | |

Month:                    Week of:

| | |
|---|---|
| M | |
| T | |
| W | |
| T | |
| F | |
| S | |
| S | |

Month: Week of:

| | |
|---|---|
| M | |
| T | |
| W | |
| T | |
| F | |
| S | |
| S | |

Month:  Week of:

| | |
|---|---|
| M | |
| T | |
| W | |
| T | |
| F | |
| S | |
| S | |

Month:  Week of:

| | |
|---|---|
| M | |
| T | |
| W | |
| T | |
| F | |
| S | |
| S | |

Month: Week of:

| | |
|---|---|
| M | |
| T | |
| W | |
| T | |
| F | |
| S | |
| S | |

Month:                    Week of:

| | |
|---|---|
| M | |
| T | |
| W | |
| T | |
| F | |
| S | |
| S | |

Month:                    Week of:

| | |
|---|---|
| M | |
| T | |
| W | |
| T | |
| F | |
| S | |
| S | |

Month: Week of:

| | |
|---|---|
| M | |
| T | |
| W | |
| T | |
| F | |
| S | |
| S | |

Month:                    Week of:

| | |
|---|---|
| M | |
| T | |
| W | |
| T | |
| F | |
| S | |
| S | |

Month:  Week of:

| | |
|---|---|
| M | |
| T | |
| W | |
| T | |
| F | |
| S | |
| S | |

Month: Week of:

| | |
|---|---|
| M | |
| T | |
| W | |
| T | |
| F | |
| S | |
| S | |

Month:	Week of:

| | |
|---|---|
| M | |
| T | |
| W | |
| T | |
| F | |
| S | |
| S | |

Month:  Week of:

| | |
|---|---|
| M | |
| T | |
| W | |
| T | |
| F | |
| S | |
| S | |

Month:            Week of:

| | |
|---|---|
| M | |
| T | |
| W | |
| T | |
| F | |
| S | |
| S | |

Month:                    Week of:

| | |
|---|---|
| M | |
| T | |
| W | |
| T | |
| F | |
| S | |
| S | |

Month:                    Week of:

| | |
|---|---|
| M | |
| T | |
| W | |
| T | |
| F | |
| S | |
| S | |

Month: Week of:

| | |
|---|---|
| M | |
| T | |
| W | |
| T | |
| F | |
| S | |
| S | |

Month:                              Week of:

| | |
|---|---|
| M | |
| T | |
| W | |
| T | |
| F | |
| S | |
| S | |

Month: Week of:

| | |
|---|---|
| M | |
| T | |
| W | |
| T | |
| F | |
| S | |
| S | |

Month: Week of:

| M | |
|---|---|
| T | |
| W | |
| T | |
| F | |
| S | |
| S | |

Month:                    Week of:

| | |
|---|---|
| M | |
| T | |
| W | |
| T | |
| F | |
| S | |
| S | |

Month:            Week of:

| | |
|---|---|
| M | |
| T | |
| W | |
| T | |
| F | |
| S | |
| S | |

Month:  Week of:

| | |
|---|---|
| M | |
| T | |
| W | |
| T | |
| F | |
| S | |
| S | |

Month:   Week of:

| | |
|---|---|
| M | |
| T | |
| W | |
| T | |
| F | |
| S | |
| S | |

Month: Week of:

| | |
|---|---|
| M | |
| T | |
| W | |
| T | |
| F | |
| S | |
| S | |

Month: Week of:

| | |
|---|---|
| M | |
| T | |
| W | |
| T | |
| F | |
| S | |
| S | |

Month: Week of:

| | |
|---|---|
| M | |
| T | |
| W | |
| T | |
| F | |
| S | |
| S | |

Month:                    Week of:

| | |
|---|---|
| M | |
| T | |
| W | |
| T | |
| F | |
| S | |
| S | |

Month:            Week of:

| | |
|---|---|
| M | |
| T | |
| W | |
| T | |
| F | |
| S | |
| S | |

Month: Week of:

| | |
|---|---|
| M | |
| T | |
| W | |
| T | |
| F | |
| S | |
| S | |

www.ingramcontent.com/pod-product-compliance
Lightning Source LLC
Chambersburg PA
CBHW070420220526
45466CB00004B/1483